Emegiro y'Abagusii ba Kenya

Taboos of Abagusii of Kenya

Nemwel Atemba and Samuel Ariga

Copyright © 2020 Nemwel Atemba and Samuel Ariga

All rights reserved.

This publication may not be reproduced, in whole or in part, by any means including photocopying or using any information storage or retrieval system, without specific and prior written permission of the publisher.

This book is sold subject to the condition that it shall not, by way of trade or otherwise, be re-sold, hired out, or otherwise circulated without the publisher's prior consent in any form of binding or cover other than that in which it is published and without a similar condition including this condition being imposed on the subsequent purchaser.

First Edition: January, 2020
Published by: Nsemia Inc. Publishers (www.nsemia.com)

Edited:
Cover Concept & Illustration:
Cover Design: Linda Kiboma
Layout Design: Bethsheba Nyabuto

Note for Librarians:
A cataloguing record for this book is available from Library and Archives Canada.

ISBN: 9781926906881

Acknowlegments

It could be an incredible exaggeration to state that such a prize of work has been accomplished by only two persons, Atemba and Ogeto. On the contrary, so many sages, elders, peers and friends have contributed immensely to this book, in its current form. Many offered their knowledge objectively, as they were advising, counselling, preaching, teaching and even admonishing various fora. We wish to sincerely thank all of them for their assistance and invaluable contribution.

However, the following were directly helpful in our venture of writing this book:

Mzee Enock Ogeto Nyachieo of Matongo and Mzee Mishael Atemba of Nyansiongo, Rev. Julias Oanda Kiriama of Kenyerere, Mama Claire Omanga of Borabu, Mzee Samson Momanyi of Kijauri, Rev. Harrison Moronya Omaore of Machoge, Mzee Stanley Sereti Magara of Nyamataro, Councillor James Omariba Onyansi of Boking'oina. All of them provided major clarifications and interpretations of the work presented here.

Mzee Maina Otundo, *alias* Ekwangara, of Kegogi village, Kisii County for readily providing valuable lectures on the origins of the Abagusii clans and their observation of taboos.

Prof. S. N. Bogonko, Mr. Justine Nyandika (District Cultural Officer, Kisii), and Dr. M. Nyanchama offered much-needed encouragement, valuable suggestions and corrections.

The Kenya National Archives gave us unfettered access to archivial materials that were a backbone to this work. Their Permit No. 196633R, issued to Mr. Atemba on 9th January, 2018, allowed us to scrutinize invaluable historical documents pertaining to Abagusii that are included in this book. However, any detectable errors, commissions or ommissions, are entirely our responsibility.

We are convinced that this work adds to the evergrowing literature about Abagusii, their land, heritage and culture.

Thank you.
Nemwel Mogere Atemba
& Samuel Ariga Ogeto
July 2019

Dedication

This book is dedicated to our late mothers Askah Bochaberi Atemba (*ng'ina* – Mama- Nemwel Atemba) and Estheri Kerubo Ogeto (*ng'ina* – Mama - Samuel Ogeto), who taught their sons consistently to respect elders, teachers and leaders, and also to read the word of God. By so doing, the sons also became persons.

Contents

Acknowlegments iii
Dedication v
About the Authors ix
Foreword xi
Preface xiii
Chapter One: General Observations on Emegiro y'Abagusii 1
Chapter Two: Emegiro erengete Abana (Taboos associated with Children) 9
Chapter Three: Emegiro Erengete Abakungu (Taboos Associated with Women) 15
Chapter Four: Emegiro Erengete Abasacha (Taboos Associated with Men) 25
Chapter Five: Emegiro Erengete Endagera (Taboos Associated with Food). 33
Chapter Six: Emegiro Erengete 'Ogochia Maguta Motwe' (Taboos Associated with Circumcision) . 37
Chapter Seven: Emegiro Erengete Amakora ao ao (Taboos Associated with Various Deeds) 43
Chapter Eight: Emegiro erengete Ching'iti ao ao (Taboos Associated with Various Animals) 49
Chapter Nine: Emegiro Erengete Oroku na Amakweri (Taboos associated with Funeral and Burial Rites) 55
Summary 63
Bibliography 65
Interviews 67

About the Authors

Nemwel Mogere Atemba has a passion for non-repugnant African cultural heritage and that of Abagusii, in particular, which he actively promotes and works hard to preserve. He believes that this cultural knowledge of Abagusii forms a contribution to the global heritage and is meant to enrich many modern upright practices.

Born in the then larger Kitutu location in 1956, his family later relocateded to Borabu, Nyansiongo Settlement Scheme. Atemba schooled at Tambacha, Nyansiongo D.E.B, Nyanturago Secondary School, and Machakos High School. He later joined the Kenya Railways Corporation where he worked in various capacities before his retirement. He is currently a Human Resources Practitioner, and a Certified Court Annexed Mediator. He has life membership of the Abagusii Cultural and Development Council, a member of the Kisii Language Literacy Association and an Elder of Simbauti P.A.G.

In his first book *Abagusii Wisdom Revisited* (Nsemia Inc, 2011), he pointed out that there were so many aspects of Kisii culture, which hitherto, had been taken for granted due to the availability of so many sages living then, who could be called upon to clarify, guide, correct and interpret their applications. However, given the decline in the numbers of people that understood Gusii culture, there is urgency required to revisit and record this heritage for posterity. He recognized the fact that our society is not only so dynamic but also that the said sages were quickly diminishing and getting extinguished naturally in their advanced ages.

He intends to explore further aspects of Gusii culture. Some of these, have been captured in the annually published *Chinchamini chi'Abagusii* (Kisii Calendar), jointly produced with Mr. Samuel Ariga Ogeto and Matunda Nyanchama. The calendar is a publication of Nsemia Inc. Publishers.

Mr. Atemba continues active research on an ongoing basis and is always on the lookout for opportunities to team up with others with a similar inclination.

Samuel Ariga Ogeto was born in 1956 at Matongo in then larger Kitutu Location, Kisii District.

He schooled at Entanda Primary and later joined Taranganya High School for his O-levels. He joined the Civil Service in 1978 where his core assignments were in accounting and management.

Mr. Ariga had a long tenure in the mainstream the Kenyan Civil Service and, later on, the Kenya Wildlife Service Corporation. Since retiring from formal employment, he has been active consulting in accounting and doing work in the church. In the latter respect, he is an Elder at Langata S.D.A Church with keen participation in Christian Education Programmes. He is a life member of the Abagusii Cultural and Development Council.

His experience growing up in rural Gusii, in the company of elders and fellow young people, offered fertile ground for learning and gaining insights into Abagusii culture. Over the years, he has come to appreciate the value of this exposure, which has reinforced his urge to learn more and share with others matters of Abagusii culture, practices and wisdom. It is in this respect that he collaborated with his co-author to produce this work, which fulfills his longtime dream of seeing a publication of this kind.

Mr. Ariga actively participates in the research and design that goes into the annual production of *Chinchamini chi'Abagusii* (Kisii Calendar), along with his co-author and Dr. *Matunda* Nyanchama. The calendar is a publication of Nsemia Inc. Publishers.

Mr. Ariga hopes that readers (regardless of their walks in life) will find value in what is captured in this work. He also challenges others to play their part and document that which is within their reach.

Foreword

I have studied this work, *Emegiro y'Abagusii ba Kenya (Taboos of Abagusii of Kenya)* with curiosity and appreciation.

When I grew up in the 1950's, such work, *Emegiro y'Abagusii*, could not have been necessarily recorded because the entire populace knew it all by heart and observed its practices with reverence. If one doubted, he could consult the elders who were readily available and willingly enthusiastic to clarify and guide on the same. Those who accidentally or ignorantly broke the taboos repented and willingly accepted the cleansing requirements in order to become wholesome again. On the other hand, those who obstinately or willingly broke the taboos faced the dire consequences, including isolation.

During that era, the effects of missionary works and western culture had started shifting the African mind set to focus on European mannerisms and lifestyle as the 'real civilization'. We were taught how to talk, eat, read, pronounce, run, stand, sit.... like Europeans. The common praise of a successful man then was that *nyarebe bono obeire omosongo!* (So and so is now an Englishman!)

We have since achieved all these 'real civilization' practices but lost our cultural identity along the way. The Omogusii wisdom in the form of *chinsoni* and *emegiro* are obscure. The youth no longer fear any rebuke from elders. There is a helplessness sense of dilemma, which could have easily been censored and contained by our own cultural practices.

Nemwel Atemba and Samuel Ariga, the co-Authors of this work, have done a commendable job in compiling what most people have long forgotten and yet the same is required as the Abagusii customary law. It can inform today's discourse and (possibly) offer a partial way out of today's dilemma caused by breakdown of social order. This collection can be seen as the unwritten constitution of Abagusii.

The main purpose of this work is to guide, caution, educate and discipline people in the community through common observation of the constitution.

The authors have clearly demonstrated that these rules and regulations were the core values of the community and applied to all aspects of daily life including birth, initiation, marriage, cultivation, harvesting and even burial. They form a standard code of conduct for virtues and vices in the society.

Aside from enumerating the taboos of Abagusii, this book underscores the importance of cultural values and the family setup which are the foundations of a civilized society. The book's attributes therefore deserve to be cherished and preserved.

Prof. Sorobea Nyachieo Bogonko,
*** Kisii University, June 2019***

Preface

"In those days Israel had no king; everyone did as he saw fit," Judges 21:25. This is a reference to a Biblical era in Israel when the people had no king and had therefore allowed anarchy to dominate at the expense of the Mosaic Laws given by God.

It is inconceivable to imagine such a situation arising and/or experienced in Gusii (the land of Abagusii). The day-to-day lives of Abagusii were culturally crossly guarded by taboos (*emegiro*). It is our contention that a combination of these taboos was effectively an unwritten constitution of Abagusii. These taboos routinely determined the *dos* and *don'ts* for the people. It is notable that taboos guided the lives of the people and it did not require leaders, supervisors or watchmen to enforce the conduct of the people.

All members of the society believed that they could not just act as they wished without considering the consequences, which could be dire. The prescribed consquences were believed to have far-reaching effects for the future generations. Thus the saying *"noroga botuko, noroga mobaso 'getutu 'nkere maiso"* (one could not deny an act he/she had done, i.e. whether you 'bewitch' your kin at night or daylight, the bush will be a witness), captures this essence.

The taboos guided, regulated, checked, alerted, warned, instructed, policed and kept in balance all aspects of the community. One could term them the *Deuteronomy* of Abagusii.

What the authors have produced is a compilation of, hitherto, unwritten scattered heritage that bound and defined Abagusii.

We contend that, the breakdown of social order in Gusii is, in part, due to lack of a cohesive set of beliefs and code of conduct to hold the people together. The bredkwon of social order is due to the lack of an ethos that binds the people and defines their character, even beyond language.

Emegiro ya Abagusii ba Kenya

In the recent past, Gusii has witnessed some weird happenings such as sporadic fires in schools, elders/parents being manhandled, increasing stock thefts, land disputes and grabbing, incest, and neglect of children, among many others. The authors' nagging questions have been: where did the rain start beating us? What happened with our beliefs? Could it be that what we are witnessing is a result of the consequences of breaking the taboos? In others words, are we living the consequences of some curse? Could the breaking of taboos be the reason why most of our youth are facing ruin at fairly early ages? Could it be the reason our society appears sickly?

Driven by an urge to find answers to some of these questions, we have compiled this book. We believe that the compilation makes the point regarding social order. Although, we no longer live in traditional society where these taboos held, we believe that there are lessons for the modern world and that there are useful aspects that can be adopted in today's living.

We must, right on the onset, state that this compilation is not exhaustive. However, it serves as an eye-opener for other sages to build on and add to similar knowledge in the modern world. It could offer guidance to future generations, be they from Gusii or elsewhere in the world.

We hasten to advise that not all the taboos presented hererin make sense or can be practised in modern times. Examples include beliefs around encountering certain phenomena, animals or people in particular situations. Others, for example those relating to female circumcision, wife inheritance and gender discrimination have since become redundant with changing times. Indeed, some are outlawed. As such, we urge caution in reading and attempting to apply the content herein. The content here is is intended to demonstrate the role of taboos in ensuring order in society and as happened among the Abagusii. It is also intended for historical references and could be material for further research with respect to origins of some of these taboos.

A key aspect of this collection is the relationship between a taboo and a bad omen. Often, when one ecountered what was deemed to be a bad omen, one had to take appropriate steps to remedy (usually through sacrifices and cleansing) the situation. It was considered a taboo not to take the needed steps required for remedy. As such, in reading this text, one can find cases where the issue is of a bad omen but presented as a taboo. It is important for the reader to pay needed attention and make the necessary distinction.

Chapter One

General Observations on Emegiro y'Abagusii

1.1 Background - Omogiro Ninki? (What is a Taboo?)

Omogiro *n'egento gete, gose egekorwa gete gekanire kegima; na onye yatiekire koba, gose omonto ogekorire, rirorio nigo kerarete obokong'u gete, emechando nonya n'amakweri ase omomochi. Korende omomochi kareorokie rirorio nigo agosoonsoorua erinde ense yabwena.*

According to dictionary definition, a *taboo* is a *prohibition or interdiction of anything*. It is something that is execluded from use or practice. Typically, taboos 'played' in cultural contexts and largely kept the society in check. In this title, we use the term taboo to refer to a culturally prohibited act, a forbidden thing, something considered out of bounds/place, something of restricted territory or some other such thing. Taboos inhibit action, prevent the commission of something deemed to bring ill will, make something illegal, etc.

Cultural taboos came with consequences, upon breaking them. It was believed that breaking a taboo attracted punishment of one kind or the other; and the punishment could be on the culprit, his/her progeny and even he/her entire lineage. The only way one could escape that eventual punishment for beaking a taboo was through a prescribed ritual, fine or activity for the purposes of cleansing, restoring and/or punishing an individual, family, clan or an entire community.

Abagusii also believed that definite trouble would follow once a taboo was broken and it was not disclosed or appropriate was not action taken or cleansing done. Each taboo had prescribed action or cleansing intended to ward off the negative consequences. Such troubles could be in one or in various forms such as misery, maladies of all kinds, poverty, ill-luck, insanity or even loss of life.

Some taboos were centred on spiritual aspects of varied superstitious/religious beliefs, which were associated with evidently eminent occurrences. Whether the occurrences were coincidental, or a way of communication from God (*Engoro*), was not an issue. The fact remains that whenever a taboo-related occurence manifested itself, a good or bad omen followed depending on what the taboo represented. This made such encounters (or appearances) to be revered or feared. Taboos made every member of the society become alert to and keen on what was happening in their environment; they made the people continously conscious of their situations and, in the process, kept social order.

Examples of good omen:

- *Kogochaka orogendo, mambia chuni, ebe omonto omotang'ani kwaumera n'omokungu, rirorio imbuya egochia koba. Nigo okomokwania bosiani igo oayerere n'orogendo rwao. Otamokwaneti rirorio oyio n'omogiro gwakora. Korende ebe kwaumeire omosacha, mono onye kare n'ebioge, rirorio n'akong'u egochia koba motwe.* (While on a journey, if the first person one meets is a woman, it is good omen; the taboo here is, if one ignores her, without greeting and wishing her well, he will therefore miss this potential goodwill. The contrary is a case of encountering a man, more so one carrying defensive weapons. You may proceed but with that feeling of tackling hardships a head.

- *Gokoywora orogendo, mambia chuni, oise koumera egechure, rirorio imbuya egochia koba. Nigo okobugia egechuria oayerere n'orogendo rwao ekiagera amaya nare motwe.* (When on a journey, if you encounter an antelope, it is a good omen and success is in the offing.

- *Enyamunchera, gose rikoru ekworokie egekuba bosio bwao, rirorio imbuya egochia koba; korende chinyoni buna echi chikworokie amagega rirorio 'mbobe.* (If either *enyamunchera* (kite) or *rikoru* (hawk) bird shows its chest facing the person on a trip, there will be a good mission ahead. On the other hand, it is a bad omen where such a bird's back faces the journeyman while wagging its tail. The taboo here is ignoring such prio-warning.

Examples of bad omen include:

- *Gokomanora orogendo, mambia chuni, ekenyamunyonge, gose eng'iti engenda inse, gose ekenyasamo bikonache bosio, rirorio obokongu 'mbokoganyete motwe.* (A mongoose, mouse or snake crossing the path of someone on a journey which in this context spells danger ahead.)

- *Enyakweumia kobuga botuko kerama ki'omonto, n'omogiro, igo imonto ekoema, nigo ekosengekiwa n'ekegenga yagera oroswa orwo rwaeta. N'omogiro gotayesengekia buna eganeirie.* (Hooting of an owl in a home - on a tree, atop a house, etc. - signified the coming of danger. It was a taboo not to chase the bird in a prescribed manner. In this case, the owl had to be chased with a fire brand to ward off the impending problem.)

- *Etwani/etwoni eise kogweya/koragora chinsa chiabotuko, rirorio imbobe. Oyio n'omonyene omochie ekoema. N'omogiro koyetiga igo. Nigo ekonyenywe abwo abwo erinde erosigwe omosori erio oroswa roete.* (A cock crowing at the odd hours is bad omen; it has to be slaughtered for soup. It was a taboo not to slaugheter the cockerel.)

1.2 Types of Taboos (Emegiro ao ao)

In Gusii, there were many taboos. They were also varied. They ranged from very small actions involving rules on hunting, games and mannerisms to very big issues of oathing and swearing. Taboos also covered all stages of a person's life cycle i.e there are specific taboos observed during birth, initiation, marriage, social activities, relationships and even death.

Examples of the small taboos are those linked to mannerisms such as:-

- *N'omogiro, goaka omoisia ekeburugo, nigo araise koba riteba.* It was a taboo to spank a boy with a cooking stick; it was believed that the act could lead to the boy's impotence.
- *N'omogiro gokwania nyoko biara n'okoboko.* It was a taboo for a man to shake hands with his mother-in-law.
- *N'omogiro gosoa mwanyoko, nyomba ime, otatiga rirorio onye kobwate engabi akomoretera.* It was a taboo for a grown up (one that has been initiated) to enter his mother's bedroom, unless you are bringing her an antelope.
- *N'omogiro mok'amomura gotakuna obori ase ise biara are.* It was a taboo for a daughter-in-law to chew grains (such as dry *wimbi*) in the presence of her father-in-law.

- *N'omogiro omokungu kobugia omororia gose egechuria, igo n'omosacha oye akoema.* It was a taboo for a woman to whistle; whistling was reserved for men.

- *N'omogiro omoisia gwekana ase abagaka bare.* It was a taboo for a boy to click (in anger or express anger) in the presence of elders.

- *N'omogiro kwabusa enyomba botuko, igo n'obotenenku ogoseria.* (Sweeping a house at night was a taboo as it was seen as an invitation to poverty.

There were taboos associated with serious situations such as the following (to name a few):
- A false oath, especially involving land disputes;
- Killing a person or committing suicide;
- Killing or eating an animal associated with the totem of one's clan;
- Incest, adultery and bestiary;
- Mistreating or neglecting a parent;
- A woman taking up her huband's roles in the homestead;
- Arson;
- Burial rites, and many others.

1.3 Punishment for Breaking Taboos (Ebisusuro ase Okobuna Emegiro)

The punitive measures for breaking taboos depended on the perceived magnitude of the offences committed. For small ones, the consequences could be a rebuke, corporal punishment, a fine, or forcint the culprit to tender a public apology.

As for serious ones, including those seen tor equire spiritual intervention, a number of options were exercised. Examples of actions to address the breaking of a taboo. A heavy fine that would applied to cleansing could be exacted on he culprit. Others included chastising, ostracizing, banishing, or excommunicating the culprit. In the extreme there could painful infliction of mob-justice, lyinching or death penalty on the culprit.

1.4 **Cleansing Associated with Emegiro (Chinchera ao ao chi'ogosonsora)**

Like in Christian practice, where a repentant is prayed for by the clergy and forgiveness pronounced, Abagusii Elders also cleansed a person who had repented their transgressions. Among other things, cleansing entailed pleading *Engoro* for mercy and forgiveness. The victim however, had to pay a price for cleansing in the form of a cow, goat, sheep or a hen depending on the gravity of the transgression.

Where the taboo was aimed at the clan, the *Etureti* (clan leaders) were involved in the cleansing. The actual ceremony was a simple act of spital anointing from an elder and thereafter sharing of food.

For example, in case of arson, the victim could be ordered to repay the damage, bring a goat and brew for sacrifice. Thereafter, a blessing could be pronounced on him/her by both the priest and the owner of the house. Food was shared to mark the end of animosity.

1.5 **Justification for Taboos (Emegiro n'Eyaki?)**

During the migration episodes, the Abagusii encountered many situations which required consultations and future references. Their eventual home was at Inani Ria Nyagoe at Bonchari. Here, they decided to assemble/recide on all the various taboos which they had experienced in their movements before they again moved futher to their other homes at Manga Inse and Isecha. Whenever they doubted, they counsulted two of their famous judges Keore and Mbere. Thus the saying *egiasinya tureti getunyere Mbere na Keore omwabo*. These judges facilited a lot in coining the Chinsoni (morality respect) Taboos, such as respecting inner houses and shaking hands. This era was about 1700s.

Abagusii, give an impression that each one of them has an origin, which is linked to achieve an aspect in the following areas: worship, respect, honour, justice, fairness, deterrent measures, division of labour, endurance, bravery, privacy, skill-building, and specializations by members of the society, among others.

For example, in the old days there was scarcity of clothes and hence people dressed scantly. So the idea of the taboo prohibiting a man from shaking hands with his mother-in-law was to keep a respectful distance to maintain respect and avoid exposing indecency.

In the same way, there was strict separation of roles between genders not only to maintain specialization but also observe rules of morality. Allowing a man to freely mix with women in their chores raised the potential for immoral acts.

Chapter Two

Emegiro erengete Abana (Taboos associated with Children)

2.1 *Onye kwamanoire orogendo k'onyore buna omokungu (abe onde bwensi) ase enka ochakire kobina, nigo rirorio ogokubia goika okonyekire. N'omogiro kogenda rioka. Nigo oranyore ekemama ase ogochia, goika bweitie.*

If, one has commenced a journey but learns that, a woman in the home has gone into labour, then one must put off the journey and wait till she delivers. It was a taboo to leave in such a situation.

2.2 *Eise koba buna omokungu bwebwateranetie osianyire/oumeire ebasweti, rirorio omwana araibore nigo aramoroke Basweti gose Ong'iti, erio asirie oroswa. N'omogiro omokungu oyuo gotaa omwana oyuo erieta buna erio.*

In case a pregnant woman encountered a python, she was obligated to name the child Basweti or Ong'iti as sign of warding of any potential harm to the child. It was a taboo not to give the child such a name.

2.3 *Eise koba buna omwana ekero akoiborwa otang'anirie amagoro, igo 'ngina are gocha goita. Nigo Omwana oyio agokoreranwa erinde orokwa Gekone gose Mankone. N'omogiro gotakorerana na koroka omwana oyio erieta buna Gekone gose Mankone*

9

Where a child was born via a breach birth (with legs coming out first), it was necessary to hold a cleansing ceremony. It was believed that such a child would have 'killed' the mother. Such a chold would be named Gekone or Mankone following the cleansing ceremeony. It was a taboo not to hold such a ceremony and name the child accordingly.

2.4 *Omwana aise goturera amaino a'igoro, oyio nomogiro. Nigo chiombe chiria akoriera amabere abo chigosaa orototera. Goika aegwe rirongo risirie orosua orwo. N'omogiro gotaa omwana oyuo rirongo.*

If an infant cut its upper teeth first, it is a bad omen. It was believed that such a phenomen would cause serious diarrhea for the cows whose milk the child drinks. A charm had to be administered to evade the ill-omen. It was a taboo not to administer the charm.

2.5 *Mosamba mwaye, oeirwe ericta aise korera riooka, bogakia na bokaira rirorio nerieta rinde atagete. N'omogiro gotamoa erieta rinde.*

If a newly-born child cries excessively without any apparent reason, the child's behaviour is regarded as an expression of its desire to change its name; it was a taboo not to give the child another name.

2.6 *N'omogiro, sokoro gose magokoro korera obeeee, gose aandire iga (bwandire-iga) onye omochokoro oye okure. Nigo akoiyeria amariga rioka igo. Aise korera igo, riroio n'abana baye akoema.*

It was a taboo, for a grand-parent to wail, mourn or scream loudly for a grandchild. If it happens it creates a bad omen for the children i.e the parents of the deceased. The grandparent can only shed tears.

2.7 *Ase abana chibarongo, oyomo aise gokwa, oria ore moyo tari koreera oria okure. Nonya ne risango ria matati oyo ore moyo tari koba aroro. Nigo akobiswa goika emesango yonsi yaerire. Aise koba aroro nigo amayianda arasoe ase are abaise komoita ekioreka 'nda. N'omogiro omwana ebarango yatigaire korera ebarongo eria yakwa.*

Where there are twins and one of them dies, the living one is prohibited from either mourning or participating in the funeral arrangements of his/her twin. He/she is barred from attending to any issue of burial rites. It is believed that if he/she participates he/she will be overcomed by grief, surrender life and shortly follow suit. It was a taboo to let the living twin mourn the departed one.

2.8. *N'omogiro goaka omwana omoisia ekeburugo gose orokore. Rirorio igo n'egesaku ogosiria.*

It was a taboo to beat up a boy using a cooking stick or a drinking straw. If it is done, then that is tantamount to 'extinguishing' a whole tribe. The warning here is that the boy being near the cooking or drinking place most of the times and also being stubborn, if he is beaten by such a stick, which is readily available, he may be hurt on the reproductive organ and become impotent.

2.9. N'omogiro esokoro gose ng'ina koro kobwata mosamba-mwaye bw'omwana oye ataraegwa ekeegwa ritang'ani. Rirorio ogosesenigwa tikori gosoa bwango.

It was a taboo for a grandfather or grandmother to hold a newly born child on his or her hands before being given a present or a gift first. Or else that child would not get the required blessings.

2.10 N'omogiro omwana ore na abaibori baye, gwetumata chimboto. Okwo nokoema abaibori. Entakana ero nabo egwetumata chimboto egere akonywe.

It was a taboo for a child with parents to place his or her hands on the cheeks for some time. If he or she does that it is construed to mean wishing parents bad luck. It is only an orphan who can do that without any problem.

2.11 N'omogiro omwana gotacha riiga (amaiiga). Rirorio oyio ng'ina akoema.

It was a taboo for a child to step on any of the three cooking/hearth stones. It is tantamount to wishing her mother bad luck. (Note that the kitchen was a mother's 'territory' and the hearth stones presented danger, especially when there was fire.)

2.12 N'omogiro kobara abana bao. Nigo ogoteba rioka buna 'ninde n'abana ang'e batato iga'.

It was a taboo to count one's children. You simply said that you had children and not the number. People feared that naming the number might attract envy or jelousy that might lead to the children being bewitched.

2.13 N'omogiro omwana gosongera omoibori kare getirianda. Rirorio nigo, keri keri, araukore.

It was a taboo for a child to see the nakedness of its parents. It was believed that the child would become blind. This, perhaps, was meant to keep the distance between parent and child and avoid the temptation of incest.

2.14 N'omogiro omomura gosoa mwa ng'ina nyomba ime, otatiga oretire engabi buna 'egesoero nyomba'.

It was a taboo for a grown boy to enter his mother's bedroom, unless he was carrying the meat of an antelope to give her. This ensured that boys kept of their mothers and hence maintained the distance that would assure that the boy could not likely find the mother in a compromising situation.

2.15 N'omogiro omosacha kona koing'onyera mokaye, ekero ebwateranetie. Rirario nigo araibore omwana omoing'onyi.

It was a taboo for a husband to be quallelsome to his expectant wife. If he does so the child to be born would be quallelsome.

2.16 N'omogiro gotweria omwana omong'werere embura. Rirorio nigo arache gotutura.

It was a taboo to expose an infant child to rain. It was believed that such an act would lead to the child becoming a stammerer/stutterer.

Chapter Three

Emegiro Erengete Abakungu (Taboos Associated with Women)

3.1 N'omogiro omokungu kobugia omororia gose egechuria. Igo n'omoinati oye akoema.

It was a taboo for a woman to whistle. That would bring a bad omen to the husband.

3.2 N'omogiro omokungu korama omosacha oye. Onye omochanirie korama, goika agende sobo arête entorobi (eng'ombe gose embori y'ogotoroba) y'ogosonsorana.

It was a taboo for a woman to abuse her husband. If she did so, she will be compelled to go back to her parents and bring a cow or a goat for reconciliation purposes.

3.3 N'omogiro omokungu korina kerama kende gionsi, erinde achake gosereta. Igo n'omoinati/ omosacha oye akoema na goturutumba egesaku gionsi.

It was a taboo for a woman to climb onto the roof of a house and start thatching. It would bring bad omen to the husband of that homestead and his lineage.

3.4 N'omogiro ase omokungu bwebwateranetie gosongera egotondo. Rirorio nigo oborito bwaye borabaise kogwa/ korekera.

It was a taboo for a pregnant woman to stare/ touch a corpse, or else she might miscarry. The idea here is to keep her emotions in check; if she failed to keep off, she could be overcome with emotions and possibly miscarry.

3.5 K'ogoswenta orogendo, mambia chuni, oise koumera omokungu, rirorio imbuya egochia koba, nigo okomokwania bosiani igo oayerere orogenndo rwao; korende n'omogiro oumere omosacha, riorio n'akong'u egochia koba. Oise koumera omosacha goika okore buna etakeire egere amabe takobwatia.

It is believed that if you meet a woman on your way very early in the morning, the mission of your journey would be successful, and vise-versa if it's a man.

3.6 Eise koba buna omokungu bw'ebwateranetie osianyire/oumeire ebasweti, rirorio omwana araibore nigo aramoroke Basweti gose Ong'iti, erio asirie oroswa. N'omogiro omokungu oyuo gotaa omwana oyuo erieta buna erio[1].

In case a pregnant woman encountered a python, she was obligated to name the child Basweti or Ong'iti as sign of warding of any potential harm to the child. It was a taboo not to give the child such a name.

3.7 N'omogiro omokungu onyuomire aise kogechigwa na, ase obororo, aakeere ekerandi inse giateke kebe ebisenche, gose aakere enyongo inse yateke ebe chindogio, erinde ang'aberie/atame. Rirorio enyuomo eyio nigo ekoera kegima. Tekorobwa ebe nonya.

It was a taboo for a married woman to lose her temper and deliberately smash a gourd or a pot within her homestead and then desert the home.

---

[1] This also covered under the section on Taboos Associated with Children.

Where and when this happens, would mark the end of the marriage.

3.8 N'omogiro omokungu onyuomire gotaara isiko y'enyuomo yaye (gotayaya). Nigo akoreta amasangia. Amasangia ayio nabo araite omoinati/omosacha oye, omwana oye, gose ere omonyene. Aise koba omochanirie gotaara isiko, goika arigie rirongo amene, nyuma ataraika mwaye, rirusie orosua orwo na gotanga amasangia.

It was a taboo for a married woman to commit adultery. If she did so, the consequences could be grave such as bringing a curse or death to the husband, her children or herself.

3.9 N'omogiro, ase omosango ore, omokungu gokwana matenena. Ere nigo agokwana maikaransa karamborete amagoro aye onsi. Ayio naro amasikani.

It was a taboo for a woman to address a baraza or public gathering while standing. She did so while seated, both legs together and stretched; a 'womanly' posture.

3.10 N'omogiro omokungu onyuomire, onye bakorwana n'omosacha oye, omosamie, komobwata gose komomiga ase a'nsoni nakomong'usorora. Rirorio enyuomo eyio yaerire kegima. Onye ore n'abana, goika egende sobo arete entorobi (eng'ombe gose embori) bache gokoreranwa.

It was a taboo for a married woman, while (say) fighting with her husband, to squeeze or pull the man's private parts. It would mark the end of thet marriage. To save that marriage, were she to do so, the woman would have go back to her parents and bring a cow or a goat for cleansing purposes.

3.11 N'omogiro omokungu ogendererete koibora kobeka omochokoro oye borere ase omosacha oye akorara. Igo n'omwana oyio akoema. Omwana oyio tagokina bosiani. Nigo arabe egekogotara gose ekeengere.

It was a taboo for a woman who is still bearing children to place her grandchild on her martrimunal bed. It is was believed that, if she did so, the grandchild would have stunted growth or dwarfism.

3.12 N'omogiro omong'ina gosoa kiage kia mokamura oye. Ayio tari masikani na goika are omoibi.

It was a taboo for a mother-in-law to enter into the granary of her daughter-in-law. If she did so, it implied that she lacked respect for son and daughter in-law and most likely she was a thief.

3.13 N'omogiro omong'ina korema chingoro chiokoagacha enyomba. Igo n'egesaku agoturutumba.

It was a taboo for a woman to dig holes for house construction. Were this to occur, it would be tantamount to disrespecting to the entire tribe/clan. (In general, women were not allowed in constructing a homestead or a house, for that matter.)

3.14 N'omogiro onye bamenyete amo, mokamomura gotanga kobusura ng'ina biara atarabusura. Endagera eyio teri kwama buya ekiagera teseseniri.

Where they lived together, it was a taboo for a daughter-in-law to comence sowing or planting crops ahead of her mother-in-law. It was believed that if she did so, her harvest would be poor as it was not blessed.

3.15 N'omogiro, abakungu bare korwana, oyomo ang'usorore oyonde orobere. Igo bweturutumbire. Takoba na morembe rinde rionsi.

It was a taboo if two women were fighting and one of them pulled the other's breast(s). This would cause ill-fate to the one who pulled the other's breasts.

3.16 N'omogiro komana chiombe chi'omosubati oo kabere. Okwo n'ogoturutumba omochie o'ise, ekiagera abakoro batebete 'ing'a 'ng'ombe tichiana koiririaterwa kabere'.

It was taboo for a woman's father to receive bride price from more than one suitor. Were this to happen, the man's home would be cursed.

3.17 N'omogiro ekamati korwania eyende. Baise korusania amanyinga, rirorio beturutumbire kegima.

It was a taboo for sisters-in-law to fight. If they did so and spilled blood that would become a permanent curse on the aggressor.

3.18 N'omogiro gotunya omokungu bwebwateranetie ang'e ang'e. Rirorio omorengaria oo nigo oramosiondororokie na aibore omwana okobwekaine.

It was a taboo to follow a pregnant woman too closely. It was believed that, following her closely with your shadow falling on her, would lead to he birth of child bearing your likeness.

3.19 N'omogiro ise omoiseke komana chiombe chietanetie enengo eria yakumetwe. Gotumana enengo eyio igo n'ogotuguta amasesenia y'enywomo na chiombe echio tichikoba mesoboko.

Abakumi babeire Gusii nabwo aba bakobwatia:

- *Bogonko (1890) nigo akumete chiombe chi'oboko chikaba ikomi (10) na eeri eyemo (1);*
- *Ogeto (1906) nigo akumete chiombe chi'oboko chikaba isato (3) na eeri eyemo (1);*
- *Ichweria (1920) nigo akumete chiombe chi'oboko chikaba isato (3) na eeri eyemo (1) na agasibia abanto korwa amaragererio y'ogeto;*
- *N'omokumi o'magega kegima nere Omorwoti Zakaria Kirera Angwenyi Ooga (1948) agakuma chiombe chi'oboko chikaba isano nemo (6) amo na eeri eyemo (1) y'egesicho. Enengo eye ya Omorwoti Kirera nero ere aroro goika bono iga.*

It was a taboo to demand more animals for dowry for one's daughter than was set. The nmberof animals for dowry needed to be within the limits that were set by the prevailing dowry decree. Those who issued decrees were respected chiefs/ elders. Among these were:

- Bogonko (1890) who set the dowry to be 14 (10cows 1 bull);
- Ogeto (1906) who set the dowry to be 4 (3 cows 1 bull) enforced with a curse;
- Ichweria (1920) who set the dowry to be 4 (3 cows 1 bull) also he cleansed the people from Ogeto's curse;

– Zakaria Kirera Angwenyi (1948), whose decree still reigns, set the dowry to be 7 (6 cows and 1bull).

3.20 N'omogiro komana chiombe ekero omoiseke nyene ebwateranetie. Nigo amang'ana onsi agotenena goika oiboire/aibore. Bakoro tibare koayereria meroberio ya nyuomo.

It is a taboo to negotiate dowry when the pride is expectant. All arrangements had to be suspended till delivery. Elders did not encourage hurried Marriage arrangements.

3.21 N'omogiro omong'ina omoibori gosoa enyomba y'omosubati oye onywomirwe, nonya nokobutokania ang'e na gesieri.

It is a taboo for a mother to enter the house of her married daughter; she was not to set foot even near the door!

3.22 N'omogiro mokamomura gochaka koruga mwaye ritang'ani. Goika aarekerwe na ng'ina biara.

It is a taboo for a daughter-in-law to commence cooking in her own house without the mother-in-law blessings; the mother-in-law did this by directing the cooking of the daughter-in-law's first meal.

3.23 N'omogiro omoriakari koumerana na omoriakari onde 'nchera. Baise koumerana goika bakoreranwe ase okorusia oroswa orwo.

It is a taboo for a bridal party on its way to meet onother bridal party from the opposite direction. This calls for special cleansing to normalize the situation.

3.24 N'omogiro omoriakari gwekebora (korigereria magega) ekero ng'ina amoire enkondo korwa mwabo. Goika aike bwoye na atorwe na ng'ina biara. Engaki eyio yonsi tari korigeria magega ase arure.

It was a taboo for the bride to look back during the wedding procession, after her mother has given her the bridal gourd. She must proceed forward ever till she is received by her mother-in-aw at the husband's home.

3.25 Nomogiro enyangi konachwa na monto onde bwensi.

It is a taboo for anyone to cross the path of a wedding procession.

3.26 N'omogiro enkondo y'omoriakari kogwa korwa koboko. Nigo akoyerenda mono goika atorwe na ng'ina biara. Ng'ina biara oyo goika ebe nere okoreretwe enyangi. Onye takoreti, rirorio nigo agosoroma 'mosubati onde ere okorete, erinde atore enyangi ase ribaga riaye.

It is a taboo for a bridal gourd to fall. The bride was required to carry it carefully until the mother-in-law receives it. In this respect the mother-in-law must have herself wedded in the same manner, otherwise she would plead with a wedded friend to receive the bridal gourd on her behalf.

3.27 N'omogiro omokungu otakoreiri enyangi koiririatera enyangi.

It is a taboo for an un-wedded woman to ululate at a wedding.

3.28 Nomogiro omokungu onywomire gotoora enyomba enyia bweka. Goika aganye omosacha oye batore komo.

It is a taboo for a married woman to start living inside her new house in the absence of her husband. She had to wait for her husband so that they start living in the new house together.

Chapter Four

Emegiro Erengete Abasacha (Taboos Associated with Men)

4.1 *Kogochia erogendo, mambia chuni, oise koumera omokungu, rirorio imbuya egochia koba, nigo okomokwania bosiani igo oayerere orogendo rwao; korende oumere omosacha ore n'ebioge, riorio imbobe egochia koba. N'omogiro kogenderera n'orogendo orwo oise konyora koumera omosacha.*

If a person met a woman very early in the morning along the way, while on journey, then mission of the journey would be successful. But if the first person one met was a man, it was believed that the mission would fail. It was a taboo to proceed with the journey in case of the latter case.

4.2 *N'omogiro omonto onyuomete gokwania ng'ina, gose ng'ina biara, n'okoboko. Ayuo tari masikani. Nigo akobakwania 'baba imbuya', rioka igo.*

It was a taboo for a man to greet his mother or mother-in- law by shaking hands. It is considered disrespectful. One simply greeted her verbally, with locked or folded hands in humility.

4.3 *N'omogiro omosacha onyuomete gosoa mwa ng'ina-biara ase ogoetera egesieri kiaboronge (gekungu). Ayuo tari masikani. Nigo echikire buna oetera egesieri kia bweri (gesaku).*

It was a taboo for a man to enter his mother-in-law's house through the main door. He was required to use the rear door as a sign of respect.

4.4 N'omogiro omosacha onyuomete korina irongo gose kiage. Igo teri masikani. Aise gokora igo n'okoema mokaye.

It was a taboo for a married man to go to the roof chamber of his house or into granary store. This implied disrespect for his wife.

4.5 N'omogiro omosacha otamereti nderu goturera egesieri gekungu (kia boronge). Nigo agoturera isiko nyuma. Aturere gesieri kia boronge, keri keri, nigo akoba riochi, rikomo gose risiasia.

It was a taboo for a non-bearded man (say on arrival at his home at night) to wake up his wife from the front door. He does so through the window, or else he would become insane.

4.6 N'omogiro omosacha gotugokora amaiga korwa riko ekero bokwomana na mokaye. Rirorio igo enyuomo eyio yaerire kegima. Tekorobwa egwenere nonya 'ng'ake.

It was a taboo for a married man to 'uproot' the cooking stones from the fire place (say) when he quarreled with the wife. The action would conclusively lead to divorce.

4.7 N'omogiro omosacha gokwana maikaransa ase omosango ore. Ere nigo agokwana matenena kabegete enyimbo yaye inse. Ayio naro amasikani.

It was a taboo for a man to address a baraza or any public gathering while seated. He was required to speak while standing and should put his walking stick (staff) down horizontally. That was deemed a sign of respect.

4.8 N'omogiro ase omosango ore, abasacha goikaransa amo n'abakungu. Igo teri masikani.

It is a taboo for men to sit together with women in a gathering, be it a ceremony or baraza. They had to sit separately as a sign of respect.

4.9 N'omogiro omosacha onyuomete gotaara isiko y'enyuomo yaye (gokayaya). Nigo akoreta amasangi. Amasangi nabo araite omwencheri (omorugi) oye, omwana oye, gose ere omonyene. Aise komochania asoke isiko, rirorio goika arigie rirongo anywe na gwesiberia nyuma ataraika mwaye, rirusie orosua orwo.

It was a taboo for a married man to commit adultery. Doing so would bring an evil spell that could destroy his wife, children or himself. If he did so, then cleansing ritual was required to avoid further repercussions[1].

4.10 N'omogiro omosacha onye bomanire na mokaye agendere komosusura onye omokundu osoire nyaaro gose irongo, obwatereire omwana gose asamie ng'ina biara chingobo/chianga. Neba okorire obobe bong'ana ing'aki, nigo omosacha oria agotiga egesusuro keria kegima, erinde amotebie 'mochia'. Aise komoaka, n'omogiro. Keri keri nigo omosacha oyuo akoba rioochi rikona korwana–rwana ande onsi, omoerio oye aitwe omoiro/mosaria.

---

[1] This is the exact parallel taboo for women that 'went out of their marriage'.

It was a taboo for a man to continue fighting his wife when she has sought refuge under the bed or some other such place, or ran to her mother in-law seeking refuge. Should he do so, the man's life would be ill-fated and prone to insanity.

4.11 *N'omogiro omosacha onye bwomanire na mokaye agenderere komosusura ekero omokungu abwatire chimbeere chiaye na komworokia. Rirorio nigo omosacha oyio akomotiga abwo abwo, ature ekina bache gosonsoranwa. Kobwata ka komworokia chimbeere n'okoema omosacha oye. Keri keri nigo agochia – echiiiiii omoerio okwa esosobe. Nigo ere buya omokungu oyuo atamere nyaaro, irongo, abwaterere omwana, aboanie monto onde bwensi ore ang'e, gose asamie ng'ina biara chingobo/chianga kobua kobwata chimbeere!*

It was a taboo if a man continued beating his wife if she pleads with him while holding her breasts. Should he do so, the man's life would be ill-fated and prone to insanity.

4.12 *N'omogiro omosacha gotwara omukungu ore 'mwana oye, gose osinyete 'mwana oye, 'mosubati omwabo, ng'ina moke gose oyo osinyete ase ayuo onsi goetera boiri bonde bwa'nsoni bore ase enyomba eyemo gose ababiare. Gokora igo ne chimuma chiaba. Baria bagokora igo, keri keri, nigo bakoba amaoochi nabatwara 'ebiti' bwango iga bakwa mobosokano, gose baitwa omoiro/mosaria. Onye omonto omanyirwe igo, nigo agosengekiwa korwa inka, ogenda ense ya aare ochia gokwera aroro.*

It was a taboo for a man to have sexual relationship with a person related (immediate or distant) to him such as niece, cousin, aunt, etc. This was deemed incestuous and those who dared would bring to themselves ill-fate and even insanity.

4.13 *N'omogiro omosacha gotwara etugo (eng'ombe, embori gose eng'ondi) buna omukungu. Gokora igo echio ne chimuma chiaba. Baria bagokora igo, keri keri, nigo bakoba amaoochi na batwara 'ebiti' bwango iga bakwa mobosokano gose baitwa omoiro/ mosaria. Onye omonto omanyirwe igo, nigo akogikerigwa na gosengekiwa korwa inka, ogenda ense yaare ochia gokwera aroro.*

It was a taboo for a man to commit beastiality. Where such happened, the man's life would be ill-fated and would be prone to insanity. In case such happened, the peson would be cursed, onstracized and exiled from the community.

4.14 *N'omogiro, ekero embura egotwa amagengo (amagena na ebirambauti), omosacha kare nyomba akiire kiiri. Nigo eganeirie arute gochia isiko emioro, ebisire, ebonyi y'esiringi nakobugia engoma, esirimbi gose gokong'onta etebe, kagotogonya ing'a 'tiga etwe mache'. Abwo kegima nigo embura egotoerera na yatwa buya.*

It was a taboo for a man to stare helplessly as it rained hailstorms. He was expected to make a mock-war by throwing pangas, axes, and coins and to whistle or to beat drums. In doing so, he would be urging it to rain water rather than hailstones. It was believed that this 'war' by the man would make hailstones cease and would lead it it raining water.

4.15 N'omogiro omosacha kwanga koria obokima mwaye, ebe n'endagera gose n'okomenyana. Aise gokora igo chitunda ang'e inye rirorio goika mokaye ature ekina egere omosacha oyuo akongoorwe.

It was a taboo for a man to refuse 'eating ugali' made by his wife, be it physical food or making love to her. If this happened more than four times, then the woman would convene an elders' council and seek their intervention. Here, the 'offending' man would be 'tried' and (usually) reprimanded to ensure that he 'took care of his home'.

4.16 N'omogiro, omosacha kogingira chinderu mogoroba ekero chiombe chiasoire bweri. Aise gokora igo rirorio ne'chiombe echio akoema erinde chikurumwe.

It was a taboo for a man to shave his beard in the evening after cows had settled in the kraal. If he did so, it would portend ill-fate for the cows and they could be stolen.

4.17 N'omogiro omosacha onyuomete koria engoko bo'ng'ina biara.

It is a taboo for a married man to eat chicken at his in-law's homestead.

4.18 N'omogiro ise omonto gosoa nyomba ime, (mareti/borere) ase omwana oye onyuomete. Igo okwo n'ogoturutumba omwana oye. Onye ogokora igo gakwomana, echio ne chimuma agokora. Nigo abanto baye bogocha baraboka pwe-pwe (kegima). Goika basonsorane erinde

chimuma chieere. Ng'ina ere nasoa nyomba abwo tari mang'ana.

It was a taboo for the father to enter into the bedroom of his son/daughter and if he does so it would be a sign of cursing the children. A cleansing ceremony had to be conducted to reverse the curse.

4.19 *N'omogiro omogaka korina kerama ki'enyomba ya moka momura oye.*

It is a taboo for a father to climb the roof of his daughter-in-laws' house.

4.20 *N'omogiro omogaka omoibori kobwata omwana omochokoro oye ritang'ani ataraegwa ekeegwa. Nigo araukore bwango!*

It is a taboo for a grandfather to hold a grandchild for the first time without a present given to him. He may develop night-blindness[2]!

4.21 *N'omogiro omonyuomi koiyeria ekiore korwa motwe. Igo nigo ekworokia okogwa kw'obogambi bwaye.*

It was a taboo for the bridegroom's headgear/crown to fall while the wedding is in procession. Such an act, it was believed, signified the 'fall' of his leadership.

---

2 This has also been covered under Taboos Relating to Children.

4.22 *N'omogiro ise omonto gosoa nyomba ime, (mareti/borere) ase omwana oye onyuomete. Igo okwo n'ogoturutumba omwana oye. Onye ogokora igo gakwomana, echio ne chimuma agokora. Nigo abanto baye bogocha baraboka pwe-pwe (kegima). Goika basonsorane erinde chimuma chieere. Ng'ina ere nasoa nyomba abwo tari mang'ana.*

It was a taboo for the father to enter into the bedroom of his son/daughter and if he does so it would be a sign of cursing the children. A cleansing ceremony had to be conducted to reverse the curse.

Chapter Five

Emegiro Erengete Endagera (Taboos Associated with Food).

5.1 *N'omogiro 'monto onde bwensi otari omogaka bw'omchie gotongora egesero (obokima obotongore; obotang'ani kobwatia rigesa). Nigo obotongore bogotanga koriegwa n'omogaka omonyene omochie oyuo. Onye omogaka taiyio, omomura omotangi nere ogotongora. Onde bwensi aise gotongora, rirorio n'endagera ogosaria tiyama. Okwo n'okoema abanyene omochie.*

It was a taboo for the cooked food from the first harvest to be served to any person other than the man of the home. Should the man of the home be absent, then the eldest son of the home took his place. Were this to be broken, the rest of the harvest would not be blessed.

5.2 *N'omogiro omokungu okoreire enyangi y'egetinge koria engoko ekero achire sobo. Igo n'amachaya akoreta ase sobo. Nigo yare buya ing'a omosubati gachire sobo onyenyerwa embori na oreta ekenama bwoye, ocha koagorera abande buna agenetigwe. Ninki rende ararete onye onyenyerwa engoko? N'ekebwato ki'engoko gose?*

It was a taboo for a woman, married via traditional wedding to eat chicken, more so, at her parents' home. This was seen as lowering her dignity. It was expected that a goat would be slaughtered for her and that she would take a portion of meat back to her husband. In a way, it was to demonstrate how well she had been treated at her home.

5.3 N'omogiro omosacha, okoreire enyangi, koria engoko bo'ng'ina biara. Igo namachaya akoreta ase sobo. Imbuya ririorio nariera amabere, chinsaga gose ching'ende.

It was a taboo for the son-in-law to consume chicken at the his in-laws' home. This was seen as lowering the person's dignity. It was considered worse than eating with vegetables, milk or even beans.

5.4 N'omogiro omokungu onyuomire koria emondo gose oguche (egesindi) y'engoko mwaye. Igo n'amachaya akoretera omosacha oye.

It was a taboo for a married woman to eat gizzards or the backside of a chicken in her home. These parts of a chicken were reserved for the man of the home and doing otherwise was deemed to be sign of disrespect for the husband.

5.5 N'omogiro omokungu onyuomire gatakuna obori gose chiyoyo ase ise biara are. Ayuo tari masikani. Nigo enga buna 'nkong'ong'oria are omogaka oyuo ekero akona gotakuna 'monwa.

It was a taboo for a married woman to chew wimbi or boiled maize and beans in the presence of her father-in-law. This chewing and specifically twisting her lips was construed as concealed

5.6 N'omogiro omwana otarachia 'maguta motwe' koria amani. Aise koba okoria amani, nigo aratamue mono mono na abe omoemenu, omoerio ache koba omokurumi.

It was a taboo for an uncircumcised boy to consume the liver or intestines of a chicken. It was believed that such a boy would become naughty, rude and eventually end up being a thief.

5.6 N'omogiro ekorera koria engoko bw'ekorera yaye. Igo n'amachaya akoretera abana baye. Imbuya rirorio nariera amabere, chinsaga, rinogu gose ching'ende.

It was a taboo for a parent to eat chicken at the home of his/her in-laws. It portrayed a negative image on their children. It was better that the person were served with milk, vegetables or beans.

5.7 N'omogiro omonyuomi koria 'keroti mangana' (obokima obotang'ani bokoretwa korwa bong'ina biara). Obokima obwo obotang'ani nere bwacha gotuka amang'ana. Nigo akoganya ocha koria obwakabere.

It was a taboo for a newly married man to eat the 'first *ugali*' prepared from his mother-in-law[1]. The first one, brought by his sisters-in-law had, at its core, a mission of inspection or spying, to establish how well the couple was settling in. He had to wait for the second round of her mother-in-law's cooking, which is meant for him and his friends.

---

[1] Typically once the wedding was over, the bride's family would cook and close female relatives/confidants (usually a sister, a cousin, etc.) of the bride would bring this food to the home of the newly married couple. The purpose for this was, in part, to find out how the woman was faring in her new home and whether there were any issues/concerns that her relataives would take back. In a traditional wedding, the marriage could be called off should the newly married woman have strong reservations about the union.

Emegiro ya Abagusii ba Kenya

5.8 N'omogiro korina omonto bwomete endagera inke igo ase ogoisanekia erang'o gose enchara. Oise komorina ririorio n'oboibi kwareta bwoo, naye mosuko nabo okoba omoiserwa erinde orinwe boigo. Ekiagera abakoro bagateba ing'a 'manda imaonchorerania, tokora bonda bonde mache"[2].

It was a taboo to deny a deserving person food or drink when such a person was in dire need. It was believed that, if one did so, the host would face theft of property and eventually become poor. As the saying goes that fortunes change; a wealth person today may be in want tomorrow and vice versa.

---

2 Chirango chi'okoria nigo chire ao ao buna ekobwatia:-
  – **Obotaka** - eyio n'erango y'amabere – it is craving for milk
  – **Obogworu** - eyio n'erango y'enyama - it is craving for meat
  – **Obotonu** - eyio n'erango y'oboke, - lust, appetite, longing, eagerness to posess, sexual desre often of degraded kind or craving for sweet things like honey, ripe fruits
  – **Obote** - eyio n'erango y'echinkorogoinwa, - a craving or uncontrollable desire e.g. for food, drug, etc.
  – **Esiong'o** - eyio n'erango y'amarwa, - it is a craving for a drink, especially beer
  – **Ekerakura (Egesami)** - eyio n'erango y'amache, - is thirst for water
  – **Obotonoontu** – eyio n' erango y'omoonyo, - it's a thirst for salt
  – **Ekiomeri** – eyio n'erango y'echiny'eni. – it is a craving for vegetables (greens)
  – **Oboarare** - eyio nerang'o y'ebiribiri. – a craving for hot pepper

Chapter Six

Emegiro Erengete 'Ogochia Maguta Motwe' (Taboos Associated with Circumcision)

6.1 *N'omogiro ekero omoisia agokebwa akuure buna obeeeee! Gose abwate isemokami okoboko. Nigo akorokwa enkuri n'obwo n'obosoku obonene ase ere n'abanto bamwabo. Goika embori gose eng'ondi eitwe korusia oroswa.*

It was a taboo for a boy, while undergoing circumcision, to cry in pain or restrain the circumciser's hand. This was seen as a sign of cowardice and great humiliation for himself and his family. If he did so, then a sheep or a goat must be immediately slaughtered (as sacrifice) to appease the spirits. Even then, the person would live with stigma throughout his life.

6.2 *N'omogiro ekero egesagane kegosarwa gekuure buna uuuuuuiiii! Gose abwate gokoochabe okoboko. Nigo akorokwa enkuri. Goika eng'ondi emwamu eng'wanswe korusia oroswa. Omogusii nigo are gokagera buna, batang'wnseti, aya naro are kobwata enkuri: (a) ekero anyuomirwe akoba omukungu omonyaka yagera ochaywa mono; (b) ekero anyuomirwe nigo akoibora abana rioooka abange mono, baika nonya ikomi na kianda;*

(c) abana abwo nigo bakobuchecha bwango bwango goika nonya n'abana baye banyuoma (gose konyuomwa) na koibora abachokoro nere kagendererete n'oroiboro.

It was a taboo for a girl, while undergoing circumcision, to cry during the process or restrain the hand of the circumciser. If she did so, she was called *enkuri* and (like her male counterpart) would be despised long after, including after her marriage. A black sheep had to be sacrificed to appease the ancestral spirits to ward off ill omen. It was believed that, should there be no sacrifice, when such a woman would later get married, she would bear very many children (even as many as 19). Her children would grow up very fast and even get married and commence bearing along with her.

6.3 *N'omogiro omokungu obwate abana gotaara/gotayaya isiko y'enyuomo. Rirorio ekero abana baye bakwaroka, nigo bagoiita (goetia amanyinga riooka) moono. Eise koba bo, rirorio omware goika aegwe rirongo egere akonyeke. Na abwo abwo ng'ina, amo na abakungu bande bonsi bare aroro (baria batarabuta), bamonyagoka erinde ogoiita gwakanyeka.*

It was a taboo for a married woman to have affairs outside her marriage. It was believed that, when this happened, her children would bleed incessantly following circumcision. It was believed that the bleeding came as a result of the mother's wayward deeds. When this happened, the child had to be attended to and given traditional hebal medicine followed by a ritual of child-bearing women casting their shadows on him.

6.4 N'omogiro omorero bw'omware (omomura gose omoiseke) korima atararwa nyomba. Rirorio nigo arasarie egesaku. Nabo arabe rikanabo/riteba ekero aranyuome/aranyuomwe.

It was a taboo for the fire, lit for the initiate at the place of seclusion, to stop burning before he/she was healed and ceremoniously released to the world. It was believed that such negligence would bring impotence to the victim later in marriage.

6.5 N'omogiro esuguta y'omware esimekire iburu kuoma. Abwo nao agwesaberia amaboko. Rirorio nigo arasarie egesaku kiaye.

It was a taboo for an initiate's ceremonial festuca-grass, planted in the hut of seclusion, to dry. It is the initiate's duty to water it daily by washing his/her hands over it. If it dried, it was believed that it would potend barreness in his/her marriage in future.

6.6 N'omogiro, omware gosoa nyomba ende yonsi otatiga eria aaramerete. Rirorio nekeraboko akoreta ase onyomba eria asoa.

It was a taboo for an initiate to enter into any other house apart from the hut/house designated for seclusion. It was believed that if he/she did so, the act would bring ill-luck in that house.

6.7 N'omogiro omomura (gose omoiseke) bwarokire goteba obobisi bwe'chinyangi chiokwaroka nonya nonya. Obwo n'obobisi omonto agokwa nabwo. Baria bakorire chinyangi echio, nabwo boka batakeire komanya igoro chinyangi echio n'obobisi boreo!

It was a taboo for a man (or woman) to reveal the details of initiation secrets and practices to others that have not gone through the rite. Such secrets were kept secret, by those who had undergone them, till death.

6.8 N'omogiro ise omware gosoa enyomba ase omwana oye aaramerete. Rirorio igo n'ogoturutumba omwana oyuo, tagocha gosemerigwa.

It was a taboo for the father of an initiate to enter into the hut of seclusion for the initiate. It was believed that such an act would weaken the initiate in the future.

6.9 Omware nigo naende akorokwa egesimba. N'omogiro komorama/komorera onye oitire etugo ende yonsi gose oiirire endagera korwa mogondo achie koria. Nabo araite engoko, embori nonya n'engombe na atwe ritoke, chibando gose emesie. N'omogiro gokora kende gionsi are omware oyio nonya omochire igo.

An initiate was likened to a wild cat. If an initiate happened to steal and/or kill another person's chicken, goat or even a cow for food while in seclusion, the initiate was exempted from any blame or punishment. No legal action was taken against the initiate whatsoever.

6.10 Emegiro ende ya abaare neye (other taboos associated with initiates are):

- **Omware goika asegwe.** – (An initiate must have a mentor/coach)

- **Omware goika akonge omware onde atarasoka.** – An initiate must scare another initiate before he graduates;

- ***Omware goika atorie omonto oare buna "keraboko nkiao" erinde amotigere ekeraboko amanye korwa nyomba*** – An initiate must transfer his ugly wishes to another person;

- ***Mware tari gokwana kero are nyomba. Nigo akobugia ekengere bose egechuria.*** – An initiate does not interact with people from outside he rings a bell or whistles for any assistance;

- ***Omware goika asimeke esuguta na bwesiberia amagoko aroro kera rituko erinde ekine. (eke nakio kiare kworokia okobwena kwaye)*** – An initiate must plant feather grass to monitor his healing progress.

Chapter Seven

Emegiro Erengete Amakora ao ao (Taboos Associated with Various Deeds)

7.1 *Omonto ore gosengekigwa aise gosoa nyomba mwabande, engoro y'eguto ime, arine omote igoro, asumore obonyasi/emurwa gose asamie 'mong'ina gete chingobo, neba okorire obobe bong'ana inaki, nigo agotigwa pii, erinde atebigwe 'mochia'. Aise goitwa, oyo n'omogiro. Baria bamoita, keri keri, nigo bakoba amaoochi! Bakona korwana rwana ande oonsi, omoerio bacha baitwa omoiro/ mosaria.*

A person who is being pursued or chased after, following the commission or a crime, and happens to seek refuge by escaping into a house or into the den of an antbear, uproots some grass as a sign of surrender or tags on to any old woman's garments, should not be punished. These actions exempt the victim from any harm whatsoever, regardless of the magnitude of the crime committed. It was a taboo to kill or punish such a person. It was believed that if such a person were harmed, then those involved would slowly, but surely, become insane and eventually share the same fate.

7.2 *N'omogiro omonto gosamba enyomba yabande moeneno. Eise koba igo, nigo omonyene akobucha amaera aria y'enyomba na koyaburukania amarwa gose koyaruta rooche. Oria okora igo okonywa gose ogwesibia* *amache aria, ounguriara na kogenda echiiii goika okwa!! K'arasabe amabera nabo akorusigwa obwaini na asonsorwe asoboke.*

It was a taboo for a person to deliberately burn down another's house. Whenever such happened, the affected party would collect the ashes from the burnt house and mix it with shared food/drink and scatter the mix in the river. It was believed that once the arsonist drank or washed with the water in the river it would result in ill-health for the arsonist. The arsonist's health would deteriorate and eventually lead to death. If the arsonist confesed and asked for forgiveness, she/he would be fined and cleansed to ward off investable death.

7.3 *N'omogiro omoibori gwechobora ase abana baye bare. Igo n'orosua akoreta enka yae. Na onye ogokora igo gakwomana, echio n'echimuma agokora. Nigo abanto baye bogocha baraboka pwe. Goika basonsorane erinde chimuma chieere.*

It was a taboo for a parent to quarrel with children to the point of striping naked before them. If this happened, it was said that it would bring a curse to the children. A cleansing ceremony needed be done to undo the curse, otherwise the person's lineage would be wiped out.

7.4 *N'omogiro omoganda bw'enyangi koigama gose gosoa ande onsi bataraika sobo. Nabo bagotwerwa kogenda rioka goika baike enka bare kogenda.*

It was a taboo for a wedding procession to enter into any house other than the bridegroom's home, even if it rained on them. It was strictly forbidden to stop or rest at any other home no, matter the circumstances – come rain storm, floods or any hindrance.

7.5 N'omogiro, omoganda bw'enyangi konachwa bosio, kobakogenda sobo. Igo nogochaya ekegeni ekio. Baria bakonacha chinyangi chi'abande nabarobwo tibagokora chiabo.

It was a taboo for any one to cross a wedding procession. It is disrespectful for any one to do so. The act carried a curse on the culprits and implied not qualifying for a wedding for the culprits in the future.

7.6 N'omogiro omonto omonene koiyeria amariga bosa igo. Igo n'omonto omwabo akoema egere arere boronge.

It was a taboo for any adult to just cry without any cause. If one did so, it is believed that one would be attracting a funeral to one's homestead.

7.7 N'omogiro omonto omonene goaka inse mobosokano bosa igo, buna moo! Riorio nigo arabaise komagaka, akwe entemi gose akwe ekioreka 'nda.

It was a taboo for an adult to fall down suddenly without any cause and possibly die. This could result in death or some other such.

7.8 N'omogiro omonto gotiana oborimo ase okomena amaroba gose kobwata omotembe. Onye ogokora igo moeneno, echio ne chimuma agokora. Keri-keri nigo agocha oba rioochi rikona korwana rwana ande oonsi, omoerio ocha oitwa omoiro/mosaria.

It was a taboo for a person to falsely swear by omotembe (Sakagwa's ceremonial tree) or soil oaths. If one did so with impunity, he/she would surely attract an irreversable curse, the type that wipes out homesteads through careless deaths.

7.9 N'omogiro gwatia chinko ekero chiombe chiasoire bweri mogoroba. Igo ne'chiombe okoema chikurumwe.

It was a taboo for one to split firewood in the evening once the cows had been closed up in their kraal. It was regarded as a sign of calling for thieves to come and steal them at night.

7.10 N'omogiro kwabusa enyomba botuko na gotuguta eubi gochia isiko. Igo n'obonda ogosiria korwa omochie oyio.

It was a taboo to sweep a house at night (in darkness) and discard the rubbish away. It was a sure way of casting wealth from a home, according to belief.

7.11 N'omogiro omomura oretanire (Ekerentane) goaka egekamago gotindeka ise gose sokoro yaye. Eyio tiyancheiri, ekiagera tibari matati amo. Goika omomura oyio abe omochokoro omonene bw'omomura omonene. Oyo goika aegwe eng'ombe.

It was a taboo for an illegitimate[1] son to break the ground where the father or the grandfather would be buried, upon the latter's death. For that boy to do so, it would be disrespectful to that homestead because he is not one of their blood lineages. A curse would befall both, the boy and the entire

---

1 In Gusii tradition, once a man married a woman and paid dowry for her, all her children, regardless of whether or not he was their biological father, became his children. However, children borne of other men other than him were still seen as 'illegitmate'.

family. This should be done by the first born son of the first born son. In this respect he should be rewarded by a cow.

7.12 N'omogiro kogingira etukia gose konacha chinchara botuko, nigo okweretera chindoto chimbe n'obotaka.

It was a taboo for one to shave hair or cut finger nails at night. This would surely bring both bad dreams and poverty to the victim, in accordance to belief.

7.13 N'omogiro ekero gwatemire oboba koira bwensi otaereti ekeumbu. Nigo ogosuna boke kwaera ekeumbu. Ogende rioka igo, rirorio tokoba na gesio naende.

It was a taboo for one, when picking mushrooms, to take home the entire lot without leaving even a bit behind. If one did so, then he or she would never be lucky again to get any more mushrooms.

7.14 N'omogiro gosianya omonto okwete 'nchera na kongaberia rioka. Nigo ogotenena, otwe rito na omorute kogoteba: tari inche nagoita. Oise kogenda rioka rirorio oroswa nigo rogokobwatia naye oitwe. Eise koba buna kwamanyire omonto oyuo rirorio tori gochia aande. Nigo okobera aroro na korangeria abanto na obute omochie oyuo goika emesango yonsi yatiekire gokorwa (yaerire).

It was a taboo to pass by a dead person lying by the roadside without following established tradition. It was required that you stop, pluck a leaf and place on the dead body while uttering the "I'm not the cause of your death". It was believed that if you did not do so, then an equal fate would befall you. However, if by chance you happened to know the dead person, then you were required to end your journey thence and assemble people and stay on till all the burial rites are finalized.

7.15 N'omogiro koreera omonto bweng'entete gose onywete esumo. Nigo akoayererigwa na gotindekwa botuko, ogosonsorana ase abamwabo kwaba.

It is a taboo to mourn for a person who has commited suicide. The person's burial is done hurriedly at night and cleansing done as quickly.

7.16 N'omogiro gotindeka omonto orimeire roche inka. Ere nigo agotindekwa roche mbarabare.

It is a taboo to bury, within the homestead, a person who had drowned. The burial for such a person is done on the river-bank.

7.17 N'omogiro gotindeka omonto orirwe na amache (oakirwe na enkoba). Nigo agotubwa amaticha abwo abwo n'abanto tibari korera.

It is a taboo for a person stricken by lightning to be given a normal burial. Such a person is covered by heaps of soil at the spot where they were hit by lightning. No mourning rites are done and cleansing has to be done afterwards.

Chapter Eight

Emegiro erengete Ching'iti ao ao (Taboos Associated with Various Animals).

8.1 *N'omogiro ase enyomba yaino omonto goita gose koria eng'iti y'ekemanyererio kiano (a totem animal). Aise gokora igo rirorio n'egesaku agosiria.*

It was a taboo for a clansman to hunt, kill or eat an animal that is the clan's totem. It was believed that doing so, would bring a curse to the clan.

Kera enyomba y'omogusii nebwate ekemanyererio kiabo bagotiana, buna ekobwatia:

Each clan has a totem animal to which the clan swore, namely:

Clan Name	Totem
Abasweta(Abanyaribari,Abagetutu,Abasamaro, Abamachoge na Abarangi)	Engoge (an Ape i.e. Chimbazee, Baboon or Gorilla).
Ababasi	Enchage/Rigwari - Zebra
Abagirango na Abatabori	Engo – Leopard
Abanchari	Engubo – Hippopotamus
Abakeira	Enchogu – Elephant
Abamabacho na Abaige	Egechure – Antelope
Abanyanyakoni na Bogorango Rogoro	Ensetwaa – Mouse Bird
Abatondo	Eng'era – Buffalo

8.2 N'omogiro onye eng'iti yare gotwarwa (ebe n'eng'era, engabi, egechure, egesusu nonya n'enyoni) esoe bweri gose nyomba, bwanche eitwe. Igo naye yatamera. Nigo ogoseria abatwari erinde, magega yaye kayatimokire, otige egende yoka ng'oora ekero onde atarochi. Eise goitwa nigo orabe omotaka mono. 'Nibo yao tekomenteka nonya.

It was a taboo if you allow a wild animal (e.g buffalo, antelope, hare, or even a bird) that was being hunted and has sought refugee in your home/house to be killed by the hunters. In such a case, you pleaded with the hunters to leave it alone. You would then let it rest and release it into safety secretly afterwards. It was believed that if you let it be killed, the owner of the homestead and his familywould become paupers, whose livestock never increase.

8.3 Enyakweumia eise kobuga omochie bw'omonto botuko igo n'omonto ekoema. Nigo egosengekigwa n'ekegenga, yagera oroswa orwo rwaera. N'omogiro gotasengekia gose koyeita enyakweumia eyio.

An owl perching in a home and hooting in the homestdead was seen to bring bad omen to the home. It was supposed to be coaxed, to leave the homestead, using a fire 'torch'. It was a taboo not to coax the owl to leave as a bad omen (more so associated with death) would befall the family.

8.4 Ekebwe geise kobuga botuko ase omochie igo n'obokongu gete gekoragora, buna giakorete omwaka 1928 aaria Manga inse, chingige chigacha chikaria endagera yonsi kegima

goika egeku gekaba. N'omogiro gotakorerana ekero ekebwe kiabugure omochie[1].

It was a bad omen for a fox, jackal or wolf one's homestead as it signified a calamity in the offing in that homestead. It was a taboo not to sacrifice once this happened to ward off calamity. In 1928, in Manga area, jackals wailed for a long time and soon after there followed devastating famine, brought about by locust invasion[2].

8.5 ***Etwoni kobuga botuko ase omochie, chinsa chiaye chitaraika, igo n'obokongu gete ekoragora. Nigo ekonyenyua kegima yarosigwa omosori erinde oroswa orwo rwasira. N'omogiro gotakora igo.***

A cock to crow during odd hours of the night in a homestead portended a bad omen. It was required that the annoying cock be slaughtered immediately and be consumed promptly to reverse the 'impending' ill omen. It was a taboo not to do so.

8.6 ***Kogochia erogendo, mambia chuni, oise koumera egechure gose egesusu, rirorio imbuya egochia koba, nigo okoayerera bosiani igo gosemeretie amaya; korende oumere ekenyaminyonge, engenda inse gose***

---

1 Abana boiboretwe enkaki eyio baetwe amariea ao ao buna Nyangige, Nyangweso, Ongige, Obonyo, Otete, Orang'ang'a gose Ong'ang'a. Na ogotera kogachaka *Ekebwe Ingiatuora Manga Inse.*

2 This calamity is etched in the collective memory of Abagusii. Children born around the time were given names such as: Nyangige, Nyangweso, Ongige, Obonyo, Otete, Orang'ang'aor Ong'ang'a remain common in Kisii. There is a famous song *Ekebwe Ingiatuora Manga Inse* (a Jackal has Wailed Down the Manga Ridge) coined at the time.

egesembaba, riorio nakong'u agochia koba; goika oirane inka otige orogendo orwo gose ochake orogendo orwo buya. N'omogiro kogenderera n'orogendo rwao komanyete n'amabe are motwe. Abakoro nigo bare kwegena buna riria kwairana nigo oroswa rwakoganyete rogoeta.

When you embark a journey very early in the morning and the first thing you encountered was an antelope or hare, it was deemed that all will be well in your mission. However, if you encountered a moongose or snake, the journey portends ill will. One had to return to his house and re-start the journey a fresh. It is a taboo not to return and start a fresh. It is believed that the interval of delay in returning will let the intended spell/evil pass.

8.7 *Kore orogendo gochia aase oise konyora enyamunchera gose rikoru bikworokie amagega, riroiro imbobe egochia koba oise kogenderera. Korende bikworokie egekuba bosio bwao, rirorio imbuya egochia koba. N'omogiro kogenderera n'orogendo rwao komanyete buna teri gochia koba buya.*

When one is on a journey and enconters meet a kite or a crow with its back set against the person, it portends a bad omen for the mission. The reverse is the case, i.e. if any of the bird's chesks are set towards one. Then the mission is expected to be successful. It was a taboo to proceed with the mission knowing it is likely not to succeed.

8.8 Gokwamanoire erogendo, mambia chuni, ekenyaminyonge, gose eng'iti engenda inse, gose ekenyasamo bikonache bosio, rirorio n'obokongu bogochia koba motwe. N'omogiro kogenderera n'orogendo rwao.

If traveler encountered, in the morning, a mongoose, snake or a mouse crossing his path, it iwas believed that the journey would not be successful. It was a taboo to proceed with the journey knowing thus.

Chapter Nine

Emegiro Erengete Oroku na Amakweri (Taboos associated with Funeral and Burial Rites)

9.1 Omogaka bw'omochie gakure, ebi bikobwatia goika bikorwe; n'omogiro gotabiikerainia: -

Once the man of the home has died, the following had to be done. It was a taboo not to do them as required for a curse would befall the family and (possibly) the clan.

(a). ***Egechuria ki'enyomba yaye goika kebunwe. Ekio n'ekiorokererio ing'a omonyene bono taiyo, nabo kegocha kiaroobwa nyuma.***

The house pinnacle must be removed to show that the owner is now gone. It is replaced some time later, when the grieving period is over.

Enyomba y'Omogusii (a traditional Kisii House0

(Photo by Daniel M. Mokaya)

(b). ***Omorero outwa isiko mwaye egere onde bwensi obutera ororo. Oyo noro okorokwa amagenga.***

Vigil fire must be lit for all to gather around till burial day.

(c). ***Omobere oye nigo okobekwa eero mwaye; onye ore na omochie omogare rirorio nigo okobekwa mwa' Mobucha-ibu, orara aroro, mambia oeterigwa egesieri kia gesaku (kia bweri) na oenigwa bweri, ang'e na mwaye abwo. Omong'ina ere nigo akobekwa mwaye nyomba ime, mareti. Mambia oeterigwa egesieri kia boronge na oenigwa keoreri kiaye.***

The husband's body must lie in state at the siting room till morning, whence it is passed through the rear door and buried just near his house. For the woman, she rests in state inside the house and passed through the main door and buried in the yard.

(d). ***Ebioge biaye bionsi (buna amatimo, chinguba ching'aya, amakombe, emioro, egetumbe, ekenindo nonya ne chinyongo) goika biarerigwe inse –tibitenenigwa. Oko nakwo gokorokwa ogoturekwa. Nabo bigocha biagororokigwa nyuma.***

All his working implements, including spears, shields, rungus, jembes, sword and pangas must be laid down flat, to show respect...just like a flag being raised half-mast.

(e). ***Abanto baye tibari korema iroba gose gokora meremo ya botambe. Nigo bakouumata goika oenigwe.***

His immediate family must rest from routine chores.

(f). ***Etugo yaye yonsi, nonya neria ere sagare goika eiranigwe gocha bwoye. Onye omonto onde bwensi ore n'esira yaye, gose onye nyagosira oriete esira yabande goika yatorwe na gochikwa buna egochia koba, nyuma ataratindekwa. Monto onde orakwane korwa nyuma, oyio nomogwa roswa.***

All his livestock must be returned to his boma, including those that were lended out before the burial day. Also, his debtors and creditors must state their status, for anyone who comes later wil not be attended to, actually, he will be regarded as an evil wisher.

(g). **Onye amarwa asikire ase egetera (ekenoko) goika aiyorwe.**

Any liquor in the process of being brewed must be removed and discarded, to show respect of the deceased person who could have consumed it.

(h). **Onye abaare baramete ase omochie oyio, nigo bogosokigwa korwa nyomba rituko riria nyagosira akoenigwa, erio chinyangi chiabo chiera igo.**

Initiates in seclusion, after circumcision, must be curtailed of their processes and be released.

(i). **Onye omokungu ogonkirie, oaramerete ase omochie oyio, nigo agosoka korwa nyomba rituko riria nyagosira akoenigwa erio chinyangi chiaye chiera igo.**

Nursing mothers in seclusion must be curtailed of their processses and be released.

(j). **Nigo Etwoni yaye ekonyenywa obotuko boria, akoenigwa egere teragora (tegweya, teturugunka) ekiagera omonyene taiyo egotura.**

His Rooster must be slaughtered, for there is no owner to awake up.

(k). **Egekamago ki'oboina bwaye nigo kegwakwa na omochokoro omomura bw'omomura omotangi. Na omochokoro oyio goika abe omoiborwa onka. Oy'oretanire tari goaka, ekiagera tibari amatati ayamo. Ekero aakire egekamago ekio nigo akoegwa eng'ombe korwa riicho ria, nyagosira.**

The commissioning of his grave must be done by the eldest grandson belonging to his eldest son; where the deceased hadn't had grandchildren, then this task is left to his eldest son. In this case, all of them must be legitimate (same blood lineage) children. The person who does the commissioning, in this regard, is rewarded with a cow from the deceased's herd.

(I). *Abasubati banyagosira bonsi goika bang'aberie korwa omochie oyo rituko riria aenigwe. Nabo baragende korara nonya nase chi'amate. Erinde ekero ebitage, ebinimbori na ogosemania gokoba obotuko obwo, enyore ing'a na abanyene booka bomochie oyio bare aroro. Risango eri nario rikorokwa okoria emuru. Baiseke tibana koriera emuru sobo, ekiagera imbakare na sobo ase ebitage biabo bibaganyete.*

All 'daughters' (the sisters, daughters of the deceased, etc.) of the home must vacate from that home by the night of the burial. They can seek accomodation with neighbours if they cannot be able to reach their homes. They must not attend the *emuru* meeing where the assets and liabilities of the late are discussed.

9.2 *N'omogiro omomura oretanire (ekerentane) goaka egekamago gotindeka ise gose sokoro yaye. Eyio tiyancheiri, ekiagera tibari matati amo. Goika omomura oyio abe omochokoro omonene bw'omomura omonene. Oyo goika aegwe eng'ombe.*

It was a taboo for an illegitimate[1] son to break the ground where the father or the grandfather would be buried, upon the latter's death. For that boy to do so, it would be disrespectful to that homestead because he is not one of their blood lineages. A curse would befall both, the boy and the entire family. This should be done by the first born son of the first born son. In this respect he should be rewarded by a cow.

9.3 N'omogiro abakungu korema oboina. Yaya tibari korema boina, nonya goika ang'e gosongera. Na abasacha boka bakorema. Nabaria bakorema tibari gokwana-kwana nigo bakoererania ebinto kemumi.

Women must never participate in digging the grave or even come near to an open one; it is only men who dig it quietly, communicating in sign language, otherwise they provoke the spirits of the dead.

9.4 N'omogiro, ekero omogiti mochie (Nyamochie Mogare) akure, rirorio nigo akoenigwa mwa Mobucha ibu (omwencheri omotang'ani); neba ing'a nigo atweka mo ekero araire mwa abencheri bande buna Nyamesanchu, Nyabweri Rogoro, Nyabweri Maate gose Nyamekorogoto.

It was a taboo when a polygamist dies, he must be buried next to the first wife's house. This applies even if he died while living in the second, third, fouth or fifth wife.

---

1 In Gusii tradition, once a man married a woman and paid dowry for her, all her children, regardless of whether or not he was their biological father, became his children. However, children borne of other men other than him were still seen as 'illegitmate'.

Summary

In this collection, we have compiled what we could gather as taboos of the Abagusii of Kenya. As shown, these taboos were contextual and applied consistently across all people. Given the belief system of the time and how these were applied, the result was an orderly society with everything self-policed. Taboos underlined the order that existed at the time.

The origins of these taboos remain a matter of mystery to us. It is our hope that we, and other interested parties, could explore the genesis of these taboos. What approaches exist that could be used to identify such origins?

A second aspect is whether there exist any similarities with taboos in other ethnic groupings in Kenya, Africa and the world. This comparative study would further inform the role and applicability of taboos in society.

A third aspect is an investigation of the relevance of such taboos to modern society. To what extent, say, would such or related taboos be relevant tyo modern society? What have we lost by abandoning such taboos? What remnants, for instance, could be applicable to modern society? A related question is whether modern taboos can emerge that are in sync with modern times and which could play a similar role as taboos of days of yore.

Bibliography

Akama, John S., *The Gusii of Kenya: Social, Economic, Cultural, Political & Judicial Perspectives.* Nsemia Inc. 2017.

Chris Wanjala and David Nyamwaya, Kisii *District Socio-Cultural Profile Project, Class Mark 92-64/K.306.* Ministry of planning and economic development, Kenya, Instutute of African studies, University of Nairobi, 1986.

Hon. N.K. Nyangera, *The making of Man and Woman under Abagusii Customary Laws.* Dal-Rich Printers, Kisii- Kenya. 1999.

Elder Abai J. Ochoi, *The History and Traditions of Abagusii People of Kenya (MWANYAGETINGE),* Metrogrsphics Inc. U.S.A, 2013.

Matunda Nyanchama. *Enchamini y'Abagusii (Kisii Calendars) 2015,2016,2017,2018 and 2019*, Nsemia Publishers Inc. Nairobi, Kenya.

John Nyakatura, *Bunyoro Customs and Traditions.* East African Literature Bureau, Nairobi/Kampala/Dar el Salaam. 1970.

Councillor James Omariba Onyansi, *Oreria ri'Omogusii*, unpublished pamphlet. October 1960.

DC/KSI/3/3 History of Kisii District from 1907 to 1920-Kenya national Archives.

DC/KSI/4/1 -Diaries of Kisii 1907-Kenya national Archives.

DC/KSI/5/2- Diaries of Kisii 1907 -Kenya national Archives.

DC/KSI/3//7 – Early days in Kisii by Rev. D. C. Conley of Nyabururu Mission on Gusii burial rites in 1900s-Kenya national Archives.

Interviews

Mzee Enock Ogeto Nyachieo of Matongo, Kisii County - 2015

Mzee Mishael Atemba of Nyansiongo, Nyamira County. - 2015

Mzee Maina Otundo alias Ekwangara ya Kegogi, Kisii County - 2015

Mzee Samuel Kambi Maiteka of Nyansiongo, Nyamira County - 2016

Mzee Daudi Moreka Nyasani of Nyansiongo, Nyamira County. - 2016

Pastor Harrison Moronya Omaore of Machoge, Kisii County - 2016

Mzee Zedekiah Machoka Obegi of Esise, Nyamira County -2017

Pastor Julias Oanda Kiriama of Rigoma, Kitutu, Nyamira County - 2017

Mzee Stanley Sereti Magara of Nyamataro, Kisii County - 2018

Cllor. James Omariba Onyansi of Bokingoina, Kisii County - 2018

Mama Director Claire Omanga of Borabu, Nyamira County - 2018

Mzee Samson Momanyi Rasugu of Kijauri, Nyamira County - 2018

www.ingramcontent.com/pod-product-compliance
Lightning Source LLC
Chambersburg PA
CBHW021736220426
43662CB00008B/878